WAJIKRA / 3. MOSE

Übungsbuch

Wajikra / 3. Mose Übungsbuch

Alle Rechte vorbehalten. Durch den Kauf dieses Übungsbuchs darf der Käufer die Übungsblätter nur für den persönlichen Gebrauch und den Unterricht, jedoch nicht für den kommerziellen Weiterverkauf kopieren. Mit Ausnahme der oben genannten Bestimmungen darf dieses Übungsbuch ohne schriftliche Genehmigung des Herausgebers weder ganz noch teilweise in irgendeiner Weise reproduziert werden.

Bible Pathway Adventures® ist eine Marke von BPA Publishing Ltd.

ISBN: 978-1-7772168-3-2

Autor: Pip Reid

Kreativdirektor: Curtis Reid

Lektorat: Marco und Sonja Röder

Für kostenlose Bibelmaterialien und Lehrerpakete mit Malvorlagen, Arbeitsblättern, Quizfragen und mehr besuchen Sie unsere Website unter:

shop.biblepathwayadventures.com

◈ EINFÜHRUNG ◈

Ihre Schüler werden mit unserem *Wajikra / 3. Mose Übungsbuch* mit Begeisterung die Thora kennenlernen. Wir haben jeden Thora-Abschnitt mit Bibelquiz, Arbeitsblättern, Rätseln und Fragen gefüllt, um Ihnen als Lehrer / Mitarbeiter zu helfen, Kindern den biblischen Glauben auf eine lustige und unterhaltsame Weise beizubringen. Es ist das perfekte Arbeitsmaterial für Ihre Sabbatklasse oder den Kindergottesdienst und Ihren Unterricht zu Hause. Inklusive Bibelstellenreferenzen für das einfache Nachschlagen von Bibelversen und einer praktischen Antwortenliste für Sie als Lehrer / Mitarbeiter.

Bible Pathway Adventures unterstützt, mit Hilfe unserer illustrierten Geschichten, Pädagogen und Eltern dabei, Kindern den biblischen Glauben auf unterhaltsame, kreative Weise zu vermitteln. Lehrerpakete, Übungsbücher und Druckvorlagen sind als Download auf unserer Website www.biblepathwayadventures.com verfügbar.

Vielen Dank, dass Sie dieses Übungsheft gekauft und unseren Dienst unterstützt haben. Jedes gekaufte Buch hilft uns dabei, Familien und Missionsarbeit auf der ganzen Welt mit kostenlosen Materialien zu versorgen.

Die Suche nach der Wahrheit macht mehr Spaß,
als in Traditionen zu verharren!

◇◦ INHALTSVERZEICHNIS ◦◇

Einführung 3

Thora Studienführer 8
Wir lernen Hebräisch 9

Wajikra
Wajikra Thora Lese-Quiz 12
Wajikra Propheten Lese-Quiz 13
Wajikra Apostel Lese-Quiz 14
Wajikra Wortsuche 15
Wajikra Übungsblatt 16
Wajikra Malvorlage 17
Wir lernen Hebräisch: Wajikra 18
Wajikra: Wir besprechen 19

Zaw
Zaw Thora Lese-Quiz 20
Zaw Propheten Lese-Quiz 21
Zaw Apostel Lese-Quiz 22
Zaw Wortsuche 23
Zaw Übungsblatt 24
Zaw Malvorlage 25
Wir lernen Hebräisch: Zaw 26
Zaw: Wir besprechen 27

Schemini
Schemini Thora Lese-Quiz 28
Schemini Propheten Lese-Quiz 29
Schemini Apostel Lese-Quiz 30
Schemini Wortsuche 31
Schemini Übungsblatt 32
Schemini Malvorlage 33
Wir lernen Hebräisch: Schemini 34
Schemini: Wir besprechen 35

Tasria

Tasria Thora Lese-Quiz 36
Tasria Propheten Lese-Quiz 37
Tasria Apostel Lese-Quiz 38
Tasria Wortsuche 39
Tasria Übungsblatt 40
Tasria Malvorlage 41
Wir lernen Hebräisch: Tasria 42
Tasria: Wir besprechen 43

Mezora

Mezora Thora Lese-Quiz 44
Mezora Propheten Lese-Quiz 45
Mezora Apostel Lese-Quiz 46
Mezora Wortsuche 47
Mezora Übungsblatt 48
Mezora Malvorlage 49
Wir lernen Hebräisch: Mezora 50
Mezora: Wir besprechen 51

Achare Mot

Achare Mot Thora Lese-Quiz 52
Achare Mot Propheten Lese-Quiz 53
Achare Mot Apostel Lese-Quiz 54
Achare Mot Wortsuche 55
Achare Mot Übungsblatt 56
Achare Mot Malvorlage 57
Wir lernen Hebräisch: Achare Mot 58
Achare Mot: Wir besprechen 59

Kedoschim

Kedoschim Thora Lese-Quiz	60
Kedoschim Propheten Lese-Quiz	61
Kedoschim Apostel Lese-Quiz	62
Kedoschim Wortsuche	63
Kedoschim Übungsblatt	64
Kedoschim Malvorlage	65
Wir lernen Hebräisch: Kedoschim	66
Kedoschim: Wir besprechen	67

Emor

Emor Thora Lese-Quiz	68
Emor Propheten Lese-Quiz	69
Emor Apostel Lese-Quiz	70
Emor Wortsuche	71
Emor Übungsblatt	72
Emor Malvorlage	73
Wir lernen Hebräisch: Emor	74
Emor: Wir besprechen	75

Behar

Behar Thora Lese-Quiz	76
Behar Propheten Lese-Quiz	77
Behar Apostel Lese-Quiz	78
Behar Wortsuche	79
Behar Übungsblatt	80
Behar Malvorlage	81
Wir lernen Hebräisch: Behar	82
Behar: Wir besprechen	83

Bechukotai

Bechukotai Thora Lese-Quiz 84
Bechukotai Propheten Lese-Quiz 85
Bechukotai Apostel Lese-Quiz 86
Bechukotai Wortsuche 87
Bechukotai Übungsblatt 88
Bechukotai Malvorlage 89
Wir lernen Hebräisch: Bechukotai 90
Bechukotai: Wir besprechen 91

Antwortenliste 92
Entdecken Sie weitere Übungsbücher! 97

WAJIKRA WÖCHENTLICHER THORA STUDIENFÜHRER

Mit Lesungen von den Propheten und Aposteln

Parascha	Thora-Lesung	Lesung der Propheten	Lesung der Apostel
Wajikra	3. Mose 1:1-5:26	Jesaja 43:21-44:23	Römer 8:1-13
			Hebräer 9:11-28
			Hebräer 10:1-22
Zaw	3. Mose 6:1-8:36	Jeremia 7:21-8:3	Epheser 6:10-18
		Jeremia 9:22(23)-23(24)	2 Korinther 6:14-7:1
			Hebräer 10:1-39
Schemini	3. Mose 9:1-11:47	2 Samuel 6:1-7:17	Apostelgeschichte 5:1-11
			1 Timotheus 3:1-13
			1 Petrus 1:14-16
Tasria	3. Mose 12:1-13:59	2 Könige 4:42-5:19	Lukas 2:22-24
			Markus 1:40-45
			Jakobus 3:1-12
Mezora	3. Mose 14:1-15:33	2 Könige 7:3-20	Matthäus 9:20-26
			Römer 6:19-23
			1 Petrus 1:15-16
Achare Mot	3. Mose 16:1-18:30	Hesekiel 22:1-19	Hebräer 7:11-10:22
			Matthäus 27:5
			Epheser 1:5-7
Kedoschim	3. Mose 19:1-20:27	Amos 9:7-15	Epheser 6:1-3
		Hesekiel 20:2-20	Epheser 4:24-32
			Matthäus 5:43-48
Emor	3. Mose 21:1-24:23	Hesekiel 44:15-31	1 Petrus 1:13-17
			Matthäus 5:38-42
			Jakobus 2:1-9
Behar	3. Mose 25:1-26:2	Jeremia 32:6-27	1 Korinther 7:21-24
			Galater 6:7-10
			Lukas 4:16-21
Bechukotai	3. Mose 26:3-27:34	Jeremia 16:19-17:14	Matthäus 7:21-27
			Kolosser 3:1-10
			Johannes 14:15-2

WIR LERNEN HEBRÄISCH

Das hebräische Alphabet hat 22 Buchstaben. Verwende diese Tabelle als Orientierungshilfe, wenn du das hebräische Wort für jeden Thora-Abschnitt lernst.

Aleph	Bet	Gimel	Daleth	He
א	ב	ג	ד	ה

Waw	Zajin	Chet	Tet	Yod
ו	ז	ח	ט	י

Kaph	Lamed	Mem	Nun	Samech
כ	ל	מ	נ	ס

Ayin	Pe	Tzade	Qoph	Resch
ע	פ	צ	ק	ר

Schin	Taw
ש	ת

LASST UNS SCHREIBEN

Übe diese hebräischen Buchstaben in den folgenden Zeilen zu schreiben.
Denke daran, dass Hebräisch von RECHTS nach LINKS geschrieben wird.

אבגהחטנדי

LASST UNS SCHREIBEN

Übe diese hebräischen Buchstaben in den folgenden Zeilen zu schreiben.
Denke daran, dass Hebräisch von RECHTS nach LINKS geschrieben wird.

WAJIKRA THORA LEKTÜRE

Lies 3. Mose 1,1-5,26.
Beantworte die folgenden Fragen.

1. Wohin brachten die Israeliten ihr Brandopfer? ....

2. Welche Aufgabe gab Jah den Söhnen Aarons? ....

3. Auf welcher Seite des Altars wurden Schafe und Ziegen getötet? ....

4. Welche Arten von Vögeln wurden als Brandopfer verwendet? ....

5. Welche Art von Speiseopfer brachten die Israeliten dar? ....

6. Welche Zutat wurde einem Speiseopfer nicht beigefügt? ....

7. Welches Tier wurde als Sündopfer für einen Priester getötet? ....

8. Welches Tier wurde als Sündopfer für einen Anführer getötet? ....

9. Welches Tier wurde als Sündopfer für einen Israeliten getötet? ....

10. Wo wurden Brandopfer dargebracht? ....

WAJIKRA PROPHETEN LEKTÜRE

Lies Jesaja 43,21-44,23.
Beantworte die folgenden Fragen.

1. Für wen hat Jah die Menschen erschaffen? ....

2. Wie haben die Israeliten Jah belastet? ....

3. Wie wird Jah Israel laut Jesaja 43,28 bestrafen? ....

4. "Denn ich werde Wasser auf das ____ gießen und Ströme auf das Dürre." (Jesaja 44,3) ....

5. "Ich bin der ____ und der Letzte; außer mir gibt es keinen Gott." (Jesaja 44,6) ....

6. Womit arbeitet ein Kunstschmied über Kohlen? ....

7. Was nährt einen Zedernbaum? ....

8. Was hat den Menschen laut Jesaja 44,20 in die Irre geführt? ....

9. "Ich tilge deine ____ wie einen Nebel und deine Sünden wie eine Wolke...." (Jesaja 44,22) ....

10. Wen hat Jah laut Jesaja 44,23 erlöst? ....

WAJIKRA APOSTEL LEKTÜRE

Lies Hebräer 9,11-27, 10,1-22 und Römer 8,1-13.
Beantworte die folgenden Fragen.

1. Welches Blut kann keine Sünden wegnehmen? ....

2. Was gab Jeschua als einziges Opfer für Sünden hin? ....

3. Wo hat Jeschua gesessen, nachdem er in den Himmel aufgestiegen war? ....

4. "Ich will meine Gesetze in ihre ____ geben und sie in ihre Sinne schreiben." (Hebräer 10,16) ....

5. Was gibt uns die Freimütigkeit, das Heiligtum zu betreten? ....

6. Wer ist der Mittler des erneuerten Bundes? (Hebräer 9,15) ....

7. Was tat Mose, nachdem er Israel die Gebote erklärt hatte? ....

8. Ohne Blutvergießen geschieht keine ____. (Hebräer 9,22) ....

9. Was passiert nach unserem Tod? (Hebräer 9,27) ....

10. Was wohnt in den Anhängern Jeschuas? (Römer 8,9) ....

WAJIKRA

Lies 3. Mose 1,1-5,26. Finde und umkreise jedes der Wörter auf der untenstehenden Liste.

```
S X H S X G P R I E S T E R M F B C J W
T J C E T I E S S H V H U P A R H M E L
I A W I N L B B B B X S S H E I E D F O
F J L D B M T Y O H E T Y Q N E U P S Y
T M K T U R T E L T A U B E N D R J A F
S V U J A D A D B M E L G B L E D W L Y
H U N H Y R A G V B Z N Z G I N O R T H
U W T K K Y E A K C A D H H C J A J I V
E E A P I O U E R C V L X X H F B P B T
T I U S X F Y F C O J N T H Y B J X L A
T H Y G U M A O K W N L E H O J Z Q U U
E R Y Q Z T M Z S A V W D K S K J V T B
X A G W U Y L C R I O B E S Y N L Y V E
W U N M J K P U C D P X Q S V M N A T H
I C E R B T C X C I F J B S L S I H P P
Y H Y B J N G E T R E I D E W Y Z W U C
J S T I E R S Y P O R E Y S U X R E X W
S E G C R F C N L P Z D Y Q R V A H J W
J S U E N D E U G K X B N R T H U T A R
S H Y A P P C C N M I N H P W Y N V B Z
```

BLUT	ALTAR	SUENDE	OPFER
GETREIDE	WEIHRAUCH	YAHWEH	PRIESTER
MAENNLICH	TAUBE	STIFTSHUETTE	FRIEDEN
TURTELTAUBEN	GEBOTE	STIER	AARON

Wajikra

Male ein Bild von einem Israeliten, der ein Speiseopfer vorbereitet.

Erstelle ein Rezept für ungesäuerte Brote. Benutze deine Phantasie!

Dieser Teil der Thora lehrt mich...

Hast du jemals gegen deine Hausregeln verstoßen? Was taten deine Eltern, als sie es herausfanden?

SÜNDOPFER

Öffne deine Bibel und lies 3. Mose 4.
Beantworte die Fragen. Male das Bild aus.

1. Welches Opfer bringt ein Priester dar, wenn er sündigt? (Vers 4)

....
....
....
....

2. Welches Opfer macht ein Anführer, wenn er sündigt? (Vers 23)

....
....
....
....

3. Welches Opfer bringt ein Israelit dar, wenn er sündigt? (Vers 27)

....
....
....
....

✦ WAJIKRA ✦

"Und der Herr rief Mose, und er redete zu ihm aus der Stiftshütte und sprach: Rede zu den Kindern Israels und sprich zu ihnen: Wenn jemand von euch dem Herrn eine Opfergabe darbringen will, so sollt ihr eure Opfergabe vom Vieh darbringen, [und zwar] vom Rind und vom Kleinvieh."

3. Mose 1,1-2

Wajikra

„Und er rief"

וַיִּקְרָא

Zeichne das hebräische Wort hier nach:

ויקרא

ויקרא

Schreibe das hebräische Wort hier:

WIR BESPRECHEN: WAJIKRA

Öffne deine Bibel und lies die folgenden Bibelverse.
Diskutiere diese Fragen mit deiner Familie, deinen Freunden und Klassenkameraden.

1. Lies 1. Johannes 3,4. Wie definiert die Bibel Sünde?

2. Lies 3. Mose 1-5. Wer musste Jah ein Opfer darbringen, wenn er sündigte?

3. Lies 3. Mose 4,12. Was geschah mit der Asche der Tiere?

4. Lies 3. Mose 1-5. Die geopferten Tiere mussten perfekt und ohne Makel sein. Welche weiteren Ähnlichkeiten haben die Opfervorgänge mit Jeschua?

5. Lies 3. Mose 1-5. Warum glaubst du, hat Jah das Opfersystem eingeführt? Was passiert, wenn man die Hausregeln seiner Familie bricht?

6. Lies Hebräer 9,11-28. Warum müssen wir heute keine Tiere als Sühne für die Sünde opfern?

ZAW THORA LEKTÜRE

Lies 3. Mose 6,1-8,36.
Beantworte die folgenden Fragen.

1. Wie lange soll das Feuer auf dem Altar brennen? ....

2. Wer opfert das Speiseopfer vor Jah? ....

3. Welches ätherische Öl / Harz wird mit einem Speiseopfer vermischt? ....

4. Wer darf das Sündopfer essen? ....

5. Wer darf das Schuldopfer essen? ....

6. "Wenn das Fleisch mit irgend etwas _____ in Berührung kommt, so darf man es nicht essen." (3. Mose 7,19) ....

7. Wo versammelten sich die Israeliten, um zuzusehen, wie Mose Aaron und seine Söhne salbte? ....

8. Welche Tiere wurden von Mose geopfert? (3. Mose 8,2) ....

9. Was hat Mose in das Brustschild getan? ....

10. Auf welche Teile von Aarons Körper hat Mose das Blut des Widders aufgetragen? ....

ZAW PROPHETEN LEKTÜRE

Lies Jeremia 7,21-8,3 und 9,22(23)-23(24).
Beantworte die folgenden Fragen.

1. Welche Anweisungen gab Jah den Israeliten? ....
2. Haben die Israeliten Jahs Anweisungen befolgt? ....
3. Aus welchem Land hat Jah die Israeliten herausgeführt? ....
4. Wen sandte Jah, um mit den Israeliten zu sprechen? ....
5. Wer hat vor Jahs Augen Böses getan? ....
6. Wo haben die Israeliten die Höhen gebaut? ....
7. Wie soll das Tal Ben-Hinnom jetzt heißen? ....
8. Wen wird Jah zum Schweigen bringen? ....
9. Die Gebeine von wem werden aus ihren Gräbern kommen? ....
10. "Der ___ rühme sich nicht seiner Weisheit..." ....

ZAW APOSTEL LEKTÜRE

Lies Epheser 6,10-18, 2 Korinther 6,14-7,1
und Hebräer 10,1-39.
Beantworte die folgenden Fragen.

1. Warum sollen wir die Waffenrüstung Gottes anziehen? (Epheser 6,11) ....

2. Gegen wen kämpfen wir? (Epheser 6,12) ....

3. Was sollen wir um unsere Taille legen? ....

4. Wie löschen wir die Flammenpfeile des Bösen? ....

5. Was ist das Wort Jahs? ....

6. Mit wem sollten wir uns nicht verbünden? ....

7. "Ich will ihr Gott sein, und sie sollen mein ____ sein." (2 Korinther 6,16) ....

8. "Ihr seid ein ____ des lebendigen Gottes." (2 Korinther 6,16) ....

9. Wofür hat Jeschua sich für alle Zeiten angeboten? (Hebräer 10,12) ....

10. Was wird mit denen geschehen, die das Gesetz des Mose außer Kraft setzen? (Hebräer 10,28) ....

ZAW

Lies 3. Mose 6,1-8,36 und Epheser 6,10-18. Finde und umkreise jedes der Wörter auf der untenstehenden Liste.

GLAUBE	SCHILD	STIFTSHUETTE	BRUSTSCHILD
ISRAELITEN	GEMEIND	SCHWERT	PRIESTER
HELM	ERLOESUNG	OPFER	MOSE
GUERTEL	YAHWEH	RECHTSCHAFFENHEIT	RUESTUNG

Zaw

Zeichne die Rüstung von Jah. Benutze deine Phantasie!

Stell dir vor, du wärst ein Israelit. Schreibe einen Tagebucheintrag über den Tag, an dem Mose Aaron zum Hohepriester gesalbt hat.

Dieser Teil der Thora lehrt mich…

Zeichne ein Bild von dir oder deinem Freund, der die Rüstung Jahs trägt.

SÖHNE AARONS

Öffne deine Bibel und lies 3. Mose 8.
Beantworte die Fragen. Male das Bild aus.

1. Welche besondere Kleidung trugen Aarons Söhne? (Vers 13)

....
....
....
....

2. Auf welchen Tierkopf haben Aarons Söhne ihre Hände gelegt? (Vers 18)

....
....
....
....

3. Was hat Mose über Aaron und seine Söhne versprengt? (Vers 30)

....
....
....
....

✭ ZAW ✭

"Und der Herr redete zu Mose und sprach: Gebiete Aaron und seinen Söhnen und sprich: Dies ist das Gesetz vom Brandopfer. Das Brandopfer soll auf seiner Feuerstelle auf dem Altar die ganze Nacht bis zum Morgen verbleiben, und das Feuer des Altars soll auf ihm in Brand gehalten werden."

3. Mose 6,1-2

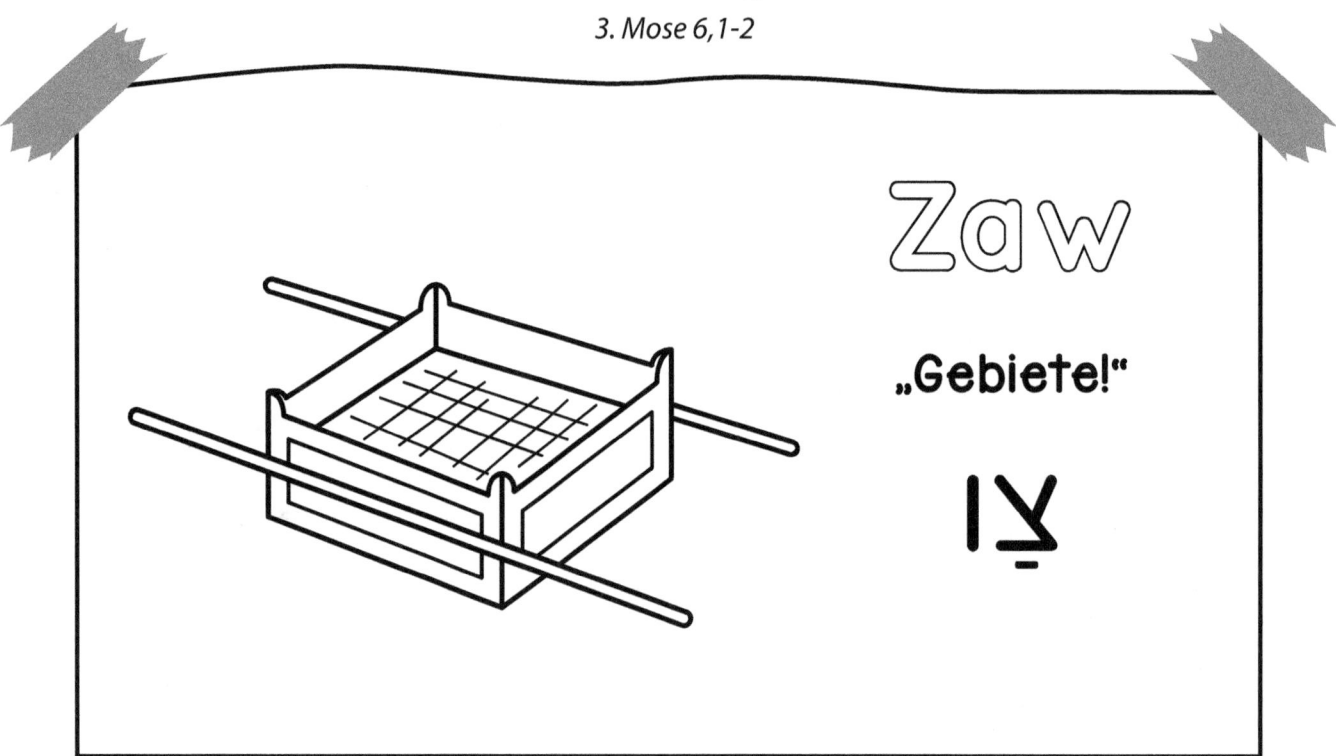

Zaw

„Gebiete!"

צַו

Zeichne das hebräische Wort hier nach:	Schreibe das hebräische Wort hier:
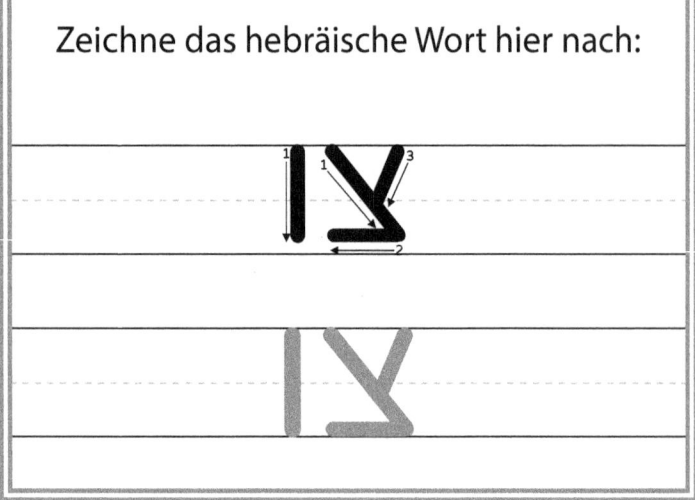	

WIR BESPRECHEN: ZAW

Öffne deine Bibel und lies die folgenden Bibelverse.
Diskutiere diese Fragen mit deiner Familie, deinen Freunden und Klassenkameraden.

1. Lies Epheser 6. Was ist die Rüstung Jahs? Wie kannst du diese geistliche Rüstung jeden Tag tragen?

2. Lies 3. Mose 6,1-8,36. Nenne sechs Arten von Gaben, die auf dem Altar in der Stiftshütte dargebracht werden.

3. Lies 3. Mose 6-8, Römer 3,23 und 1. Johannes 3,4. Ist jeder der Sünde schuldig? Wie definiert die Bibel Sünde?

4. Lies 3. Mose 6-8. Was dachte Jah über den Geruch des Rauchs der Opfergaben?

5. Lies 3. Mose 6,17, Matthäus 16,5-12 und 26,26. Warum verbietet Jah den Sauerteig im Brot? Was stellte das Brot auf dem Altar dar?

6. Beschreibe den Charakter Moses aus dem, was du bisher in den Büchern Schemot (2. Mose) und Wajikra (3. Mose) gelernt hast

SCHEMINI THORA LEKTÜRE

Lies 3. Mose 9,1-11,47.
Beantworte die folgenden Fragen.

1. Welches Tier hat Aaron für das Sündopfer getötet? ....

2. Welche zwei Tiere wurden für das Friedensopfer geopfert? ....

3. Welche beiden Söhne Aarons griffen zu ihren Räucherpfannen? ....

4. Was haben Aarons Söhne vor Jah geopfert? ....

5. Wie starben Aarons Söhne? ....

6. Wer hat Aarons zwei tote Söhne aus dem Lager getragen? ....

7. Ist ein Schwein rein oder unrein? ....

8. Ist eine Kuh rein oder unrein? ....

9. Was können wir aus dem Meer oder dem Wasser essen? ....

10. Können wir geflügelte Insekten essen, die auf allen Vieren laufen? ....

SCHEMINI PROPHETEN LEKTÜRE

Lies 2. Samuel 6,1-7,17.
Beantworte die folgenden Fragen.

1. Wie viele Männer Israels versammelte David? ....

2. Wie haben die Israeliten die Bundeslade transportiert? ....

3. Wie haben David und die Israeliten vor Jah gefeiert? ....

4. Warum hat Jah Ussa getötet? ....

5. Wie viele Monate blieb die Lade im Haus von Obed-Edom? ....

6. Was hat David getragen, als er vor Jah tanzte? ....

7. Wer war die Tochter von Saul? ....

8. Was gab David den Israeliten, nachdem er die Opfergaben beendet hatte? ....

9. Vor wem gab Jah David Ruhe? ....

10. "Der wird meinem Namen ein Haus bauen, und ich werde den Thron seines ____ auf ewig befestigen." ....

SCHEMINI APOSTEL LEKTÜRE

Lies Apostelgeschichte 5,1-11,
1Timotheus 3,1-13 und 1Petrus 1,14-16.
Beantworte die folgenden Fragen.

1. Wer war die Frau des Ananias? (Apostelgeschichte 5,1) ....

2. Was haben Ananias und seine Frau verkauft? ....

3. Was hat Ananias im Wissen seiner Frau gemacht? ....

4. Wen hat Ananias belogen? ....

5. Was geschah, nachdem Ananias mit Petrus gesprochen hatte? ....

6. Wen hat Ananias' Frau belogen? ....

7. Was passierte mit Ananias' Frau, nachdem sie mit Petrus gesprochen hatte? ....

8. Warum dürfen Neubekehrte keine Leiter sein? (1. Timotheus 3,6) ....

9. Wie müssen sich Ehefrauen von Leitern verhalten? (1. Timotheus 3,11) ....

10. "Ihr sollt ____ sein, denn ich bin heilig." (1 Petrus 1,16) ....

SCHEMINI

Lies 3. Mose 9,11-11,47 und 2 Samuel 6,1-7,17. Finde und umkreise jedes der Wörter auf der untenstehenden Liste.

```
Z C U Y L R A Z R S L D D S J S X G A O
K J L S U H O A O W R O X Q C S H J U F
Z H O I S H L S R D G A S F D M K K F I
D U M M K A B M I O R K T E A G U R Z V
Y D R X E D I S M N N Q O U V Q L G O U
B M I E L U Q F H O E O T E I C F T K N
X U Y X F I G E E S Q N E R D O B V X U
L V N S P V C X J P X X R O G X X X A M
Q I G D X C O Z W D S D Y G U B V T B L
C N T L E M J L Y E P D G H P E Z I I D
J N U R T S W P F Y H Q T F B I R A H R
V H T B W Z L J A E O E M I U K U U U J
R V A Z X L N A D A B X F F E G N N W J
T U F R L A Y Q D W P J S M E R R R C E
E H Z Q F V A N G E Q V A I Z D E E T X
M P O R C E W C V N G V N C R L N I O V
P F O X K N E A D C R C I H H E A N F B
E O M G J E R U S A L E M A C N E R M D
L R A Z V H F S R J K W O L R X P N T U
I N R E I N L C R N E P A R O P F E R B
```

AARON	ROSINEN	HARFE	UNREIN
ABIHU	FEUER	JERUSALEM	REIN
NADAB	USSA	OPFER	DAVID
TIERE	TEMPEL	BUNDESLADE	MICHAL

Schemini

Male ein Bild von David, der vor der Bundeslade feiert.

Male dein reines Lieblingstier.

Dieser Teil der Thora lehrt mich...

Mache eine Liste von vier reinen und vier unreinen Tieren.

KÖNIG DAVID

Öffne deine Bibel und lies 2 Samuel 7.
Beantworte die Fragen. Male das Bild aus.

1. Was sollte David für Jah bauen? (Vers 5)

....
....
....
....

2. Was war Davids Aufgabe, bevor er König wurde? (Vers 8)

....
....
....
....

3. Wen hat Jah für David ausgerottet? (Vers 9)

....
....
....
....

✶ SCHEMINI ✶

"Und es geschah am achten Tag, da rief Mose Aaron und seine Söhne und die Ältesten von Israel zu sich, und er sprach zu Aaron: Nimm dir ein junges Kalb zum Sündopfer und einen Widder zum Brandopfer, beide makellos, und bringe sie dem Herrn dar."

3. Mose 9,1-2

Zeichne das hebräische Wort hier nach:

Schreibe das hebräische Wort hier:

WIR BESPRECHEN: SCHEMINI

Öffne deine Bibel und lies die folgenden Bibelverse.
Diskutiere diese Fragen mit deiner Familie, deinen Freunden und Klassenkameraden.

1. Lies 3. Mose 10,1-20. Warum glaubst du, dass Jah Nadab und Abihu getötet hat? Was sagt das über die Wichtigkeit aus, Jahs Anweisungen zu befolgen.

2. Lies 3. Mose 11. Welche Art von Tieren haben die Priester Jah zum Opfer gebracht? Waren sie rein oder unrein?

3. Lies 3. Mose 11,1-47. Was macht ein Tier rein? Nenne einige Beispiele für reine und unreine Tiere.

4. Lies 3. Mose 11,1-47. Wie beschreibt Jah das Essen von unreinem Fleisch? Wie wichtig ist es für dich, Jahs Anweisungen zu befolgen?

5. Lies 3. Mose 11,44. Jah bittet uns, heilig (rein) zu sein, weil er heilig ist. Was bedeutet es, ein heiliges Volk zu sein? Wie lebt man heilig?

6. Lies 1. Samuel 7,1-17 und 1. Chronik 28,3. Warum baute Salomo den Tempel anstelle von David?

TASRIA THORA LEKTÜRE

Lies 3. Mose 12,1-13,59.
Beantworte die folgenden Fragen.

1. Wie lange ist eine Frau unrein, nachdem sie einen Sohn bekommen hat? ....

2. An welchem Tag wird ein Junge beschnitten? ....

3. Was sollte eine Frau 33 Tage lang nicht berühren? ....

4. Wie lange ist eine Frau nach der Geburt einer Tochter unrein? ....

5. Welche Tiere und Vögel werden für Brand- und Sündopfer verwendet? ....

6. Wer erwirkt die Sühnung für eine Frau nach der Geburt? ....

7. Wer untersucht eine Person mit Aussatz? ....

8. Welche Kleidung trägt ein aussätziger Mann? (3. Mose 13,45) ....

9. Wie lange ist ein aussätziger Mann unrein? ....

10. Wo wohnt ein Aussätziger, wenn er unrein ist? ....

TASRIA PROPHETEN LEKTÜRE

Lies 2 Könige 4,42-5,19.
Beantworte die folgenden Fragen.

1. Was war Naemans Aufgabe? ....

2. Welche Krankheit hatte Naeman? ....

3. An welchen König schrieb der König von Syrien einen Brief? ....

4. Was nahm Naeman in das Land Israel mit? ....

5. Welchen Propheten besuchte Naeman? ....

6. Welche Anweisungen hat der Prophet Naeman gegeben? ....

7. Wie lauten die Namen der beiden Flüsse in Damaskus? ....

8. Wie oft tauchte Naeman im Fluss Jordan unter? ....

9. Was tat der Prophet, als Naeman ihm Geschenke anbot? ....

10. Wem wollte Naeman von nun an Gaben oder Opfer darbringen? ....

TASRIA APOSTEL LEKTÜRE

Lies Lukas 2,22-24, Markus 1,40-45 und Jakobus 3,1-12.
Beantworte die folgenden Fragen.

1. In welcher Stadt stellten Maria und Josef Jeschua vor? ....

2. Welche Art von Vögeln opferten Maria und Josef? ....

3. Was sagte Jeschua zu dem Aussätzigen, als er ihn heilte? ....

4. Welche Anweisungen gab Jeschua dem Aussätzigen? ....

5. Was hat der Aussätzige stattdessen getan? ....

6. Warum sollten nicht viele Lehrer werden? ....

7. Die Zunge ist ____ und doch rühmt sie sich großer Dinge. (Jakobus 3,5) ....

8. Und die Zunge ist ein Feuer, eine Welt der ____. (Jakobus 3,6) ....

9. Was kann kein Mensch zähmen? ....

10. Was kommt aus der gleichen Quelle? ....

TASRIA

Lies 3. Mose 12,1-13,59. Finde und umkreise jedes der Wörter auf der untenstehenden Liste.

```
T X X K F M U U C G M M A R P F I C O K
D U D Q P H S Y D Z W M T L R I F U Z O
K R R Y N N K F N E C O O L I R L S E E
Q L I T X R R L A M M S C M E B I R Y R
K N Q A E K W A E P I E H J S X W X V P
O S R C T L P P N R F U T X T R J G U E
J L S O H N T L C I T D E H E X Z J R R
M J G Q S N R A B B A U R Q R F E S P L
I H V X F H D P U C U K N T W Z G J G A
G P A A R O N J J B B D Q F A D Y I Y G
F B H K B X S W R P E Q P K G E W J W E
A I T Z L R A E M E N N X Q Q T B V Y R
X G V E O E W L K G I Z S B O I D S Z L
A U R F G L I F B E O N M I A O B V B Y
T G W T U Z N D I U Y T Z H A N L H S O
P L L N V E O U U G N A R L E F U T N L
F O D D D T N U W N L H D G L Q T P F O
U H N V T Y Y E U C G U D S L P S E I S
Y I N E K A I T N M J G E B U R T B X P
F L E C K O L T T M Y A U S S A T Z J W
```

MOSE	TURTELTAUBEN	PRIESTER	TAUBEN
AARON	FLECK	LAMM	REIN
BLUT	AUSSATZ	GEBURT	TOCHTER
LAGER	KOERPER	KLEIDUNG	SOHN

Tasria

Wie sieht Aussatz aus? Recherchiere ein wenig und zeichne eine Person mit Aussatz.

Wenn du jedes Mal, wenn du mit dem Mund sündigst, von Aussatz befallen werden würdest, wie würde sich das auf deine Worte auswirken?

Dieser Teil der Thora lehrt mich...

Zeichne ein Bild, um die Geschichte von Maria und Josef im Tempel mit Jeschua nacherzählen zu können.

AUSSATZ

Öffne deine Bibel und lies 3. Mose 13.
Beantworte die Fragen. Male das Bild aus.

1. Wer untersucht eine Person mit Aussatz? (Vers 9)

....
....
....
....

2. Ist rohes Fleisch rein oder unrein? (Vers 15)

....
....
....
....

3. Wo wohnt ein Aussätziger? (Vers 46)

....
....
....
....

TASRIA

"Und der Herr redete zu Mose und sprach: Rede zu den Kindern Israels und sprich: Wenn eine Frau schwanger ist und einen Knaben gebiert, so soll sie sieben Tage lang unrein sein; sie soll unrein sein wie in den Tagen, an denen sie abgesondert ist wegen ihres Unwohlseins."

3. Mose 12,1-2

Tasria

„Sie empfängt"

תַזְרִיעַ

Zeichne das hebräische Wort hier nach:

Schreibe das hebräische Wort hier:

WIR BESPRECHEN: TASRIA

Öffne deine Bibel und lies die folgenden Bibelverse.
Diskutiere diese Fragen mit deiner Familie, deinen Freunden und Klassenkameraden.

1. Lies 3. Mose 13. Warum ist es wichtig, dass wir uns rein halten?

2. Lies Lukas 2,22-24. Warum stellten Maria und Josef Jeschua im Tempel in Jerusalem vor?

3. Lies 3. Mose 13 und Markus 1,40-45. Warum sagte Jeschua dem Aussätzigen, er solle zum Priester gehen und für seine Reinigung opfern?

4. Lies 3. Mose 13. Warum glaubst du, mussten Leute, die aussätzig waren außerhalb des Lagers leben?

5. Lies 2 Könige 4,42-5,19 und Matthäus 5,43-48. Elisa segnete seinen Feind, Naeman. Hast du in letzter Zeit deine Feinde gesegnet? Wie oft machst du das?

6. Lies Sprüche 21,23 und Jakobus 3,1-13. Wie vermeidet man, über Menschen zu tratschen und schlecht über sie zu sprechen?

MEZORA THORA LEKTÜRE

Lies 3. Mose 14,1-15,33.
Beantworte die folgenden Fragen.

1. Was tat ein gereinigter Mann, bevor er das Lager wieder betrat? ....

2. Wo soll dieser Mann nachdem er sich gereinigt hat sieben Tage lang leben? ....

3. Was hat dieser Mann am 8. Tag zum Priester gebracht? ....

4. Was hat der Priester mit dem Lamm des Schuldopfers gemacht? ....

5. Wann kam der Priester zurück, um ein mit Krankheit infiziertes Haus zu inspizieren? ....

6. Was geschah mit der Stelle, an der die Steine entfernt wurden? ....

7. Was hat der Priester benutzt, um ein Haus zu reinigen, nachdem er es für rein erklärt hatte? ....

8. Was hat der Priester in das Öl getaucht? ....

9. Auf welchen Fuß der kranken Person tat der Priester das Blut? ....

10. Was geschah mit einer Person, die in einem Haus aß, das wegen einer Krankheit gesperrt war? ....

MEZORA PROPHETEN LEKTÜRE

Lies 2 Könige 7,3-20.
Beantworte die folgenden Fragen.

1. Wie viele Aussätzige saßen am Eingang zum Tor? ....

2. Wessen Lager haben sie besucht? ....

3. Wer war im Lager, als die Aussätzigen kamen? ....

4. Warum waren die Syrer geflohen? ....

5. Was taten die Aussätzigen, als sie ins Lager kamen? ....

6. Wem haben die Torwächter vom Lager der Syrer erzählt? ....

7. Wie weit reisten die Reiter des Königs? ....

8. Was haben die Boten auf dem Weg gesehen? ....

9. Für wie viele Silberlinge wurde ein Maß Feinmehl verkauft? ....

10. Was geschah mit dem Offizier, der die Torwächter anführte? ....

MEZORA APOSTEL LEKTÜRE

Lies 1 Petrus 1,15-16, Römer 6,19-23 und Matthäus 9,20-26.
Beantworte die folgenden Fragen.

1. "Ihr sollt ___ sein, denn ich bin heilig." (1 Petrus 1,16) ....

2. In wessen Dienst sollen wir unsere Glieder stellen? (Römer 6,19) ....

3. Wovon sind wir befreit worden? ....

4. Was ist der Lohn der Sünde? (Römer 6,23) ....

5. Was schenkt uns Jah? ....

6. Wie lange litt die Frau schon an Blutausfluss? (Matthäus 9,20) ....

7. Welchen Teil von Jeschuas Kleidung hat die Frau berührt? ....

8. Was hat Jeschua zu der Frau gesagt? ....

9. Was sagte Jeschua, als er sah, wie die Menge sich aufregte? ....

10. Was hat Jeschua getan, nachdem er das Haus betreten hat? ....

MEZORA

Lies 3. Mose 14,1-15,33 und 2 Könige 7,3-20. Finde und umkreise jedes der Wörter auf der untenstehenden Liste.

```
Z O H J I V E I U Z W I N P P U D U S R
P E L Y F S I J Q V A I U D X U J D I E
K L K K D C H M L Z S J W M W B X L S I
I X Y O B H U W K H C Q U E P F V A R N
F I D W Z E A X W D H B F E C B T G A R
Z B T E L K K W Q F E W Z B R V L E E N
S Z V W T E O W V C N T X T G R K R L G
L E F W J L Q B T U E X W U B O R R I E
Q N S O L O V A U S S A T Z M M R N T Z
X G Y Z Q K R L O K R M X F R R A O E S
B K R E R W W D B O O U P F C I U K N T
E H E U H E S H A V K E Z G Y T A O D A
S B R J H J A P V N U A N U E U Q U Q D
F X X A G Z B N Z X P T P I X B V V A T
L F L B E V W S Z P S N D M G L G P J T
D E A W O G B M D R B C O P F E R K H O
X F M X T T K T P F E R D E S M Q W A R
K K M Z X Z J D A S K G S V B R Y X U D
W E V B Q D C L I O P G D O S O U F S Y
P R I E S T E R K Z H B O C G X Z X Y L
```

OPFER	WASCHEN	PRIESTER	ISRAELITEN
JORDAN	LAGER	PFERDE	REIN
OEL	SCHEKEL	AUSSATZ	SYRER
HAUS	KOENIG	LAMM	STADTTOR

Mezora

Zeichne die Gegenstände, die für ein Opfer in 3. Mose 14,10 benötigt werden.

Dieser Teil der Thora lehrt mich...

Stell dir vor, du bist ein Israelit. Wenn du sehen würdest, wie Jeschua jemanden zum Leben erweckt, wie würde sich dein Leben verändern?

Wenn die Aussätzigen im syrischen Lager verfilmt werden würde, würde das Filmplakat so aussehen...

DIE REITER DES KÖNIGS

Öffne deine Bibel und lies 2 Könige 7.
Beantworte die Fragen. Male das Bild aus.

1. Wie viele Reiter sind der syrischen Armee gefolgt? (Vers 14)

....
....
....
....

2. Wie weit sind die Reiter gereist? (Vers 15)

....
....
....
....

3. Was haben die Reiter auf dem Weg gesehen? (Vers 15)

....
....
....
....

★ MEZORA ★

"Und der Herr redete zu Mose und sprach: Dieses Gesetz gilt für den Aussätzigen am Tag seiner Reinigung: Er soll zu dem Priester gebracht werden. Und der Priester soll [dafür] hinaus vor das Lager gehen."

3. Mose 14,1-3

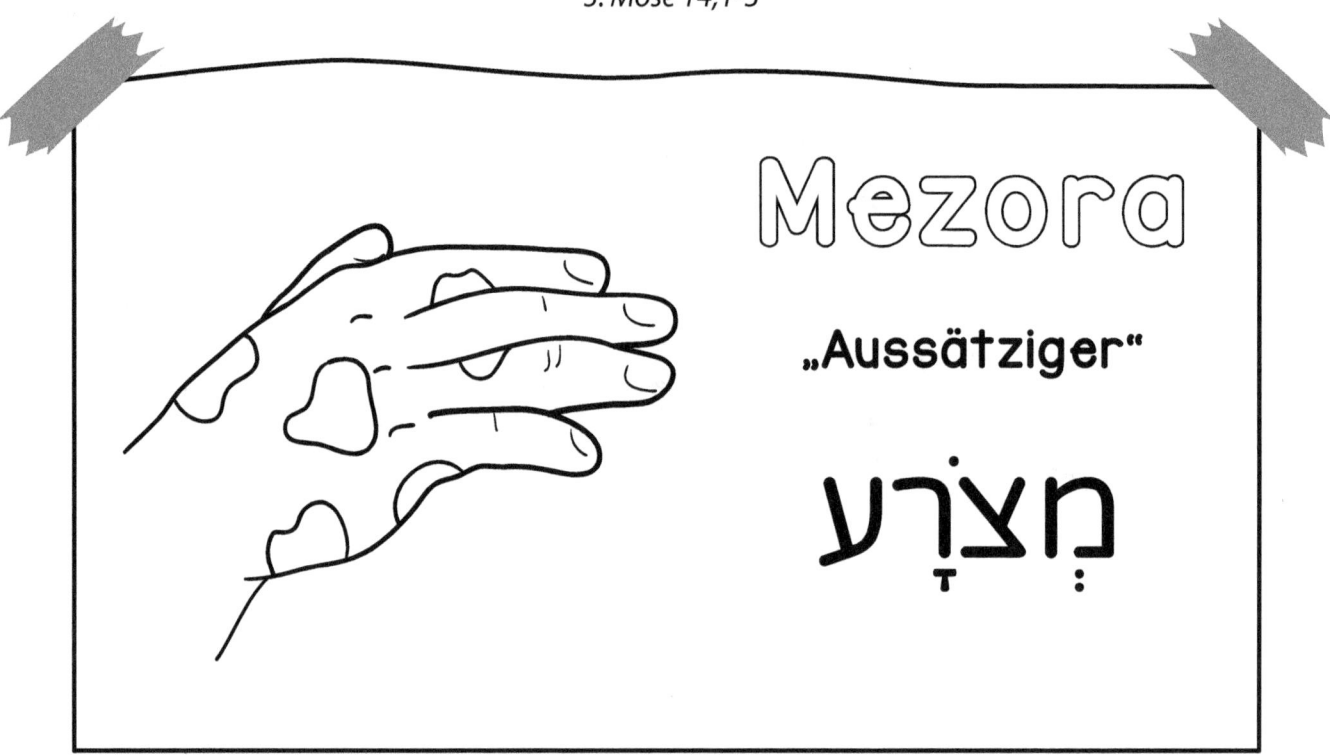

Mezora

„Aussätziger"

מְצֹרָע

Zeichne das hebräische Wort hier nach:	Schreibe das hebräische Wort hier:
מצורע	
מצורע	

WIR BESPRECHEN: MEZORA

Öffne deine Bibel und lies die folgenden Bibelverse.
Diskutiere diese Fragen mit deiner Familie, deinen Freunden und Klassenkameraden..

1. Lies 3. Mose 14,4-32. Was war das Ritual zur Reinigung einer Mezora (eine Person mit einer Hautkrankheit)?

2. Lies 3. Mose 14,4-32. Wie oft weist diese Passage auf Jeschua hin?

3. Lies 3. Mose 15,31. Warum glaubst du, wollte Jah, dass sich die Israeliten von der Unreinheit trennen?

4. Lies 2 Könige 7,3. Warum, glaubst du, gab es vier Aussätzige? Hat die Zahl vier irgendeine Bedeutung?

5. Lies 2 Könige 7,16-20. Warum wurde der Hauptmann des Königs zu Tode getrampelt?

6. Lies Matthäus 9,20-26. Jeschua heilte eine Frau und erweckte ein Mädchen zum Leben. Wie würde sich dein Leben verändern, wenn Jeschua dich plötzlich heilen würde?

ACHARE MOT THORA LEKTÜRE

Lies 3. Mose 16,1-18,30.
Beantworte die folgenden Fragen.

1. Welche Kleidung trug Aaron, als er das Heiligtum betrat? ....

2. Welche Tiere nahm Aaron für die Opfergaben? ....

3. Welche Ziege wurde in die Wüste geschickt? ....

4. Was hat Aaron vor Jah in das Feuer getan? ....

5. Was hat Aaron auf und vor dem Sühnedeckel versprengt? ....

6. Wer sonst konnte die Stiftshütte betreten, während Aaron für die Israeliten Sühne tat? ....

7. Was wurde den Israeliten am zehnten Tag des siebten Monats aufgetragen? ....

8. "Denn das Leben des ____ liegt im Blut." ....

9. "Du sollst auch von deinen ____ keines hergeben, um es dem Moloch durch das Feuer gehen zu lassen." ....

10. Wessen Gesetze sollten die Israeliten laut Jah nicht befolgen? ....

ACHARE MOT
PROPHETEN LEKTÜRE

Lies Hesekiel 22,1-19.
Beantworte die folgenden Fragen.

1. Wie sind die Menschen in der Stadt verunreinigt worden? ....

2. Wer hat Blut vergossen? ....

3. Wer wird mit Verachtung behandelt? ....

4. Wem wurde Gewalt angetan? ....

5. "Meine ____ hast du verachtet…" ....

6. Was haben die Israeliten geschändet? ....

7. Warum nahmen die Israeliten Bestechungsgelder an? ....

8. Wie wird Jah die Israeliten für ihr Verhalten bestrafen? ....

9. "Menschensohn, das Haus von ____ ist mir zu Schlacke geworden." ....

10. Mit welchen Metallen verglich Jah die Israeliten? ....

ACHARE MOT
APOSTEL LEKTÜRE

Lies Hebräer 7,11-10,22, Matthäus 27,3-5 und Epheser 1,5-7.
Beantworte die folgenden Fragen.

1. Wer warf die Silberstücke im Tempel weg? (Matthäus 27,3) ....

2. In wem haben wir die Erlösung? (Epheser 1,7) ....

3. Jeschua war aus welchem Stamm Israels? (Hebräer 7,14) ....

4. Wie wurden die Priester daran gehindert, im Amt zu bleiben? (Hebräer 7,23) ....

5. Wer ist unser ständiger Hohepriester? (Hebräer 7,24) ....

6. Warum muss Jeschua keine täglichen Opfer bringen? (Hebräer 7,27) ....

7. Was sagte Jah zu Mose, als er im Begriff war, die Stiftshütte zu errichten? ....

8. Mit welchen Häusern wird Jah einen Bund schließen? (Hebräer 8,8) ....

9. Welche Gegenstände waren im Allerheiligsten? ....

10. Wie oft betrat der Hohepriester das Allerheiligste? ....

ACHARE MOT

Lies 3. Mose 16,1-18,30. Finde und umkreise jedes der Wörter auf der untenstehenden Liste.

```
K C M T L B J X P D L F L B S B W I A G
V P Q I L B G T U E X N J A K W X S A M
B J M B F T S A J I E Z T E M L O R E O
T S R L I G R J Z W E S E N T Q I A G S
C F D U A Z R A A R O N T Q L C Q E Y E
T U E T C R B N B F Y D J K V B M L P W
B W R E N S Z M A U J S N X X I N I T W
G Z F N Z L T I S C F L E I S C H T E Y
X A K G R Y R I E V K A A D N V U X R X
T N S R P N V N M G Q T N R M B W V P R
C W D T T Q J T Y M E L H U Y P E I C E
F Z R J H V D X X F E L K E V I I L M K
A S T I F T S H U E T T E U I Y H B U U
K A G Z J F N V L U C X R R U T R D L E
S Y R R J E V G J R W P Q J D R A R X D
G X N V N V G P A Y A S E K L X U Y I W
B V H O H E P R I E S T E R K O C S E G
Q I P L P Z P N J B Z T A S D L H M G A
A J O M K I P P U R J J F A A F X O A A
A Z A Z E L P S E R K B I M O L O C H Y
```

AARON	**STIMME**	**ZIEGEL**	**AZAZEL**
NACKTHEIT	**MOLOCH**	**ISRAELIT**	**AEGYPTER**
BLUT	**WEIHRAUCH**	**STIFTSHUETTE**	**MOSE**
HOHEPRIESTER	**FLEISCH**	**JOM KIPPUR**	**GAST**

Achare Mot

Zeichne Aaron in den Gewändern des Hohepriesters.

Ich ehre Jom Kippur, indem ich...

Dieser Teil der Thora lehrt mich...

Entwerfe ein Versöhnungstagsplakat für deine Gemeinschaft... (Jom Kippur)

TAG DER BUßE

Öffne deine Bibel und lies 3. Mose 16.
Beantworte die Fragen. Male das Bild aus.

1. Wann ist der Tag der Versöhnung? (Vers 29)

....
....
....
....

2. Wie lauten Jahs Anweisungen, um den Tag der Versöhnung zu ehren? (Vers 29)

....
....
....
....

3. Wer vollzieht für die Israeliten die Sühnung? (Vers 32)

....
....
....
....

ACHARE MOT

"Und der Herr redete zu Mose nach dem Tod der beiden Söhne Aarons, als sie vor den Herrn traten und daraufhin starben. Und der Herr sprach zu Mose: Sage deinem Bruder Aaron, daß er nicht zu allen Zeiten in das Heiligtum hineingehen soll."

3. Mose 16,1-2

Achare Mot

„Nach dem Tode"

אַחֲרֵי מוֹת

Zeichne das hebräische Wort hier nach:

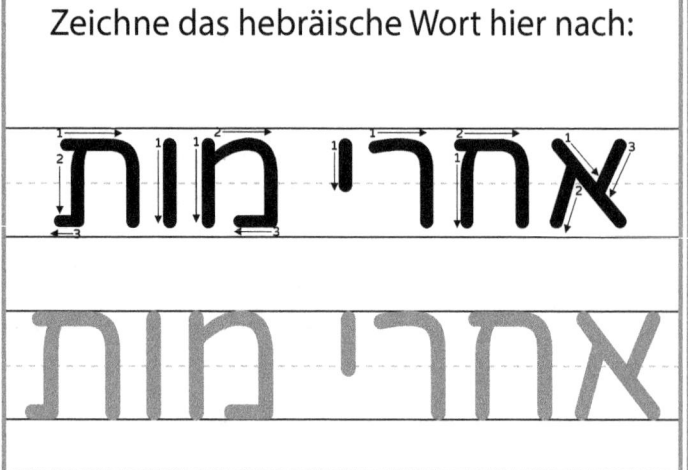

Schreibe das hebräische Wort hier:

WIR BESPRECHEN: ACHARE MOT

Öffne deine Bibel und lies die folgenden Bibelverse.
Diskutiere diese Fragen mit deiner Familie, deinen Freunden und Klassenkameraden.

1. Lies 3. Mose 16,1-34. Wie haben die Israeliten den Versöhnungstag geehrt? Wie ehrst du und deine Familie diesen Feiertag?

2. Lies 3. Mose 16,1-34. Was war das Besondere am Allerheiligsten?

3. Lies 3. Mose 16,4. Wie war der Hohepriester gekleidet?

4. Lies Hesekiel 22,1-19. Warum bestrafte Jah die Israeliten? Was ist geistlicher Ehebruch? Gibt es geistlichen Ehebruch in deinem Leben?

5. Lies Hebräer 8,1-13. Jah wird einen Bund mit dem Haus Israel und dem Haus Juda schließen. Zu welchem Haus gehörst du?

6. Lies Matthäus 27,1-5. Warum glaubst du, dass Judas das Geld zurückgab und sich erhängte?

KEDOSCHIM THORA LEKTÜRE

Lies 3. Mose 19,1-20,27.
Beantworte die folgenden Fragen.

1. Wen sollen wir ehren?

2. Was sollten wir nicht aus gegossenem Metall machen?

3. Welches Fallobst soll man den Armen und Fremden hinterlassen?

4. Ihr sollt nicht ____. (3. Mose 19,11)

5. Wie sollen wir unseren Nächsten beurteilen?

6. Nach wie vielen Jahren dürfen die Früchte eines gepflanzten Baumes gegessen werden?

7. Was sollten wir laut 3. Mose 19,28 nicht mit unserem Körper tun?

8. Wen sollten wir laut 3. Mose 19,32 ehren?

9. Was wird mit dem Mann geschehen, der sein Kind dem Moloch gibt?

10. Wer soll in 3. Mose 20,27 hingerichtet werden?

KEDOSCHIM PROPHETEN LEKTÜRE

Lies Amos 9,7-15 und Hesekiel 20,2-20.
Beantworte die folgenden Fragen.

1. Aus welchem Land hat Jah die Israeliten geführt? ....

2. Aus welchem Land hat Jah die Philister geführt? ....

3. Welches Haus wird Jah nicht völlig zerstören? ....

4. Wohin wird Jah das Haus Israel zerstreuen? ....

5. "An jenem Tag will ich die zerfallene ____ wieder aufrichten."
   (Amos 9,11) ....

6. Für welche Menschen wird Jah ihr Glück wiederherstellen? ....

7. Was haben die Israeliten nicht aufgegeben? (Hesekiel 20,8) ....

8. Was ist ein Zeichen zwischen Jah und seinem Volk? ....

9. Wo hat sich das Haus Israel gegen Jah aufgelehnt? ....

10. Was sagte Jah in der Wüste zu den Israeliten? ....

KEDOSCHIM APOSTEL LEKTÜRE

Lies Epheser 4,24-32, 6,1-3 und Matthäus 5,43-48.
Beantworte die folgenden Fragen.

1. Wem sollten Kinder gehorchen?

2. Welches Gebot kommt mit einer Verheißung?

3. Jeder soll mit seinem Nächsten die _____ sprechen.

4. "_____ ihr, so sündigt nicht."

5. "Die _____ gehe nicht unter über eurem Zorn!" (Epheser 4,26)

6. "Wer gestohlen hat, der _____ nicht mehr, sondern bemühe sich vielmehr, mit den Händen etwas Gutes zu erarbeiten..." (Epheser 4,28)

7. Wen sollen wir nicht betrüben? (Epheser 4,30)

8. Wie sollen wir uns einander gegenüber verhalten?

9. Für wen sollen wir in Matthäus 5,44 beten?

10. Über wen lässt Jah es regnen?

KEDOSCHIM

Lies 3. Mose 19,1-20,27. Finde und umkreise jedes der Wörter auf der untenstehenden Liste.

HEILIG	KINDER	ERNTE	ISRAEL
WAHRSAGERN	WEINBERG	FRUECHTE	MUTTER
NACKTHEIT	MOLOCH	VATER	MOSE
GESETZE	SABBATE	TRAUBEN	NACHBAR

Kedoschim

Male ein Bild von den Zehn Geboten.

Male ein Familienporträt! Mit deiner Mutter, deinem Vater und deinen Geschwistern.

Dieser Teil der Thora lehrt mich…

Ich liebe meinen Nächsten durch…

EHRE DEINEN VATER UND DEINE MUTTER

Öffne deine Bibel und lies Epheser 6.
Beantworte die Fragen. Male das Bild aus.

1. Wen sollst du ehren?
(Vers 2)

....
....
....
....

2. Was ist das Versprechen, wenn du dieses Gebot befolgst? (Vers 3)

....
....
....
....

3. Wer sollte seine Kinder nicht wütend machen?
(Vers 4)

....
....
....
....

✦ KEDOSCHIM ✦

"Und der Herr redete zu Mose und sprach: Rede mit der ganzen Gemeinde der Kinder Israels und sprich zu ihnen: Ihr sollt heilig sein, denn ich bin heilig, der Herr, euer Gott! Ihr sollt jeder Ehrfurcht vor seiner Mutter und seinem Vater haben."

3. Mose 19,1-3

Zeichne das hebräische Wort hier nach:

Schreibe das hebräische Wort hier:

WIR BESPRECHEN: KEDOSCHIM

Öffne deine Bibel und lies die folgenden Bibelverse.
Diskutiere diese Fragen mit deiner Familie, deinen Freunden und Klassenkameraden.

1. Lies 3. Mose 19,1. Wenn Jah uns bittet, heilig zu sein, meint er, dass wir ein abgesondertes Leben führen sollen. Was ist Heiligkeit? Wie ist euer Leben heilig oder abgesondert von der Welt?

2. Lies 3. Mose 19,3. Wie ehrt man seine Eltern?

3. Lies 3. Mose 19,9-17. Wie kannst du deinen Nächsten lieben? Gib aktuelle Beispiele, wie du das gemacht hast.

4. Lies Hesekiel 20,2-20. Sabbate sind ein Zeichen zwischen Jah und Seinem Volk. Wie ehrst du seine Sabbate?

5. Lies Matthäus 5,43-48. Jah bittet uns, unsere Feinde zu lieben und für sie zu beten. Beschreibe eine Situation, in der du das getan hast. Hast du eine Veränderung in ihrem Leben oder ihrem Verhalten festgestellt?

6. Lies Epheser 4,26-27. Warum ist es weise, die Sonne nicht über deinem Zorn untergehen zu lassen?

EMOR THORA LEKTÜRE

Lies 3. Mose 21,1-24,23.
Beantworte die folgenden Fragen.

1. Wen sollte ein Priester nicht heiraten? ....

2. Wie viele Tage soll eine junge Ziege, ein Schaf oder ein Rind bei seiner Mutter bleiben? ....

3. Was hat Jah den Israeliten gesagt, was sie am Sabbat tun sollen? ....

4. Für wie viele Tage sollen die Israeliten ungesäuerte Brote essen? ....

5. Welches Tier wird geopfert, wenn die Garbe gewebt wird? ....

6. Welches Fest findet sieben Wochen nach dem Fest der Erstlingsfrüchte statt? ....

7. An welchem Tag ist Jom Teruah? ....

8. Wie lauten Jahs Anweisungen, um Jom Kippur zu halten? ....

9. Worin wohnen die Israeliten während des Sukkotfestes? ....

10. Welche Art von Öl brennt in den Lampen? ....

EMOR PROPHETEN LEKTÜRE

Lies Hesekiel 44,15-31.
Beantworte die folgenden Fragen.

1. Wer war für das Heiligtum verantwortlich?

2. Welche Kleidung trugen die Priester im Heiligtum?

3. Was trugen die Priester auf dem Kopf?

4. Sollten die Priester ihren Kopf rasieren oder ihr Haar lang wachsen lassen?

5. Was durfte ein Priester im Innenhof nicht trinken?

6. Wen konnte ein Priester heiraten?

7. Was hat ein Priester in einem Streitfall getan?

8. Welche Opfergaben hat ein Priester gegessen?

9. Welche Opfergaben gehörten den Priestern?

10. Was hat ein Priester nicht gegessen?

EMOR APOSTEL LEKTÜRE

Lies Matthäus 5,38-42, Jakobus 2,1-9
und 1 Petrus 1,13-17.
Beantworte die folgenden Fragen.

1. "Wenn dich jemand auf deine rechte ___ schlägt, so biete ihm auch die andere dar. (Matthäus 5,39)   ....

2. "Wenn dich jemand nötigt, ___ Meile zu gehen, geh mit ihm zwei Meilen."   ....

3. Wem sollen wir geben? (Matthäus 5,42)   ....

4. Wen sollen wir gleich behandeln? (Jakobus 2,1)   ....

5. Welche Art von Menschen wollen dich unterdrücken und deinen Namen lästern?   ....

6. Wie lautet das königliche Gesetz?   ....

7. Was passiert in Jahs Augen, wenn wir parteiisch sind? (Jakobus 2,9)   ....

8. Worauf sollten wir unsere Hoffnung setzen? (1 Petrus 1,13)   ....

9. "Du sollst ___ sein, denn ich bin heilig." (1 Petrus 1,16)   ....

10. Wie urteilt der Vater? (1 Petrus 1,17)   ....

EMOR

Lies 3. Mose 21,1-24,23. Finde und umkreise jedes der Wörter auf der untenstehenden Liste.

PESSACH	SCHAFE	UNGESAEUERTE BROTE	HEILIGTUM
INNENHOF	JOM KIPPUR	LEINEN	ZADOK
SUKKOT	ERSTLINGSFRUECHTE	MAKEL	TROMPETEN
BROT	SABBAT	PRIESTER	SCHAVUOT

Emor

Male ein Bild, das angenommene Tieropfer zeigt.

Male einen Priester im Heiligtum.

Ich ehre den Sabbat, indem ich…

Dieser Teil der Thora lehrt mich…

DIE FESTE...

Öffne deine Bibel und lies 3. Mose 23.
Beantworte die Fragen. Male das Bild aus.

1. Welches der festgesetzten Zeiten findet am siebten Tag statt? (Vers 3)

....
....
....
....

2. Welches Instrument wird an Jom Teruah geblasen? (Vers 24)

....
....
....
....

3. Worin wohnen die Israeliten während Sukkot? (Vers 42)

....
....
....
....

⭐ EMOR ⭐

"Und der Herr redete zu Mose und sprach: Rede zu den Kindern Israels und sage ihnen: Das sind die Feste des Herrn, zu denen ihr heilige Festversammlungen einberufen sollt; dies sind meine Feste."

3. Mose 23,1-2

Zeichne das hebräische Wort hier nach:	Schreibe das hebräische Wort hier:
אֱמֹר	

WIR BESPRECHEN: EMOR

Öffne deine Bibel und lies die folgenden Bibelverse.
Diskutiere diese Fragen mit deiner Familie, deinen Freunden und Klassenkameraden.

1. Lies 3. Mose 21,1-22,33. Jah legt seine Maßstäbe für das Priestertum dar. Welche Opfer bist du bereit, in deinem Leben zu bringen, um dem Vater zu dienen?

2. Lies 3. Mose 23,3. Der Sabbat ist eine von Jahs festgesetzten Zeiten. Wie ehrst du den Sabbat jede Woche?

3. Lies 3. Mose 23,4-8. Warum glaubst du, gebot der Vater den Israeliten, während dem Fest der ungesäuerten Brote Brot ohne Sauerteig (Hefe) zu essen?

4. Lies 3. Mose 23,33-43. Jah gebot den Israeliten, während dem Sukkotfest (Laubhüttenfest) sieben Tage lang in provisorischen Behausungen zu leben. Wie feiert man Sukkot? In welcher provisorischen Behausung lebst du?

5. Lies 3. Mose 23 und Apostelgeschichte 2,1 und 20-21. Wie lange hat Jah erwartet, dass Sein Volk Seine Feste (festgesetzten Zeiten) ehrt? Wie haben Jeschua und seine Jünger die Feste geehrt?

BEHAR THORA LEKTÜRE

Lies 3. Mose 25,1-26,2.
Beantworte die folgenden Fragen.

1. Wo sprach Jah zu Mose? ....

2. "Im siebten Jahr wird es einen _____ der Ruhe für das Land geben." ....

3. Was ist das fünfzigste Jahr für die Israeliten? ....

4. Was hat Jah den Israeliten versprochen, wenn sie seinen Anweisungen gehorchen? ....

5. Wann können die Leviten ihre Häuser auslösen? ....

6. Wie sollen wir einen Bruder behandeln, der arm wird? ....

7. Wer sollte nicht als Sklaven verkauft werden? ....

8. Wer sind Diener in den Augen von Jah? ....

9. Wovor sollten sich die Israeliten nicht verneigen? ....

10. "_____ meine Sabbate und fürchtet mein Heiligtum; ich bin der Herr!" ....

BEHAR PROPHETEN LEKTÜRE

Lies Jeremia 32,6-27.
Beantworte die folgenden Fragen.

1. Wer war der Sohn von Schallum? ....
2. An welcher Stelle war das Feld? ....
3. In welchem Land war das Feld? ....
4. Für wie viel Silber wurde das Land verkauft? ....
5. Wem wurde die Kaufurkunde übergeben? ....
6. In welchem Land zeigte Jah Zeichen und Wunder? ....
7. Wen hat Jah aus dem Land Ägypten herausgeführt? ....
8. Warum ließ Jah das Unheil über die Israeliten kommen? ....
9. Welchen Feinden wurde die Stadt gegeben? ....
10. "Siehe, ich, der Herr, bin der Gott alles Fleisches; sollte mir irgend etwas ____ sein?" ....

BEHAR APOSTEL LEKTÜRE

Lies Lukas 4,16-21, Galater 6,7-10
und 1 Korinther 7,21-24.
Beantworte die folgenden Fragen.

1. In welcher Stadt ist Jeschua aufgewachsen? (Lukas 4,16) ....

2. Wo ist Jeschua am Sabbat hingegangen? ....

3. Aus welcher Schriftrolle hat Jeschua vorgelesen? ....

4. Stand Jeschua auf oder setzte er sich, um aus der Schriftrolle zu lesen? ....

5. "Er hat mich gesandt, um den Gefangenen ____ zu verkünden." ....

6. "Heute ist diese ____ erfüllt vor euren Ohren!" ....

7. "Was der Mensch ____, das wird er auch ernten." (Galater 6,7) ....

8. Warum sollten wir nicht müde werden, Gutes zu tun? ....

9. Wem sollten wir Gutes tun? ....

10. "Werde nicht ____ der Menschen." (1 Korinther 7,23) ....

BEHAR

Lies 3. Mose 25,1-26,2. Finde und umkreise jedes der Wörter auf der untenstehenden Liste.

ERLOESUNG	SIEBEN	GEHORSAM	BRUDER
ARM	AEGYPTEN	HAUS	LEVITE
EIGENTUM	SEGEN	SABBAT	MOSE
JUBILAEUM	DIENER	SINAI	NACHBAR

Behar

Recherchiere und zeichne ein Diagramm einer Synagoge aus dem I. Jahrhundert

Erstelle eine Karte von Nazareth. Benutze deine Phantasie!

Dieser Teil der Thora lehrt mich...

Wenn wir Seinen Anweisungen gehorchen, verspricht Jah...

FREUNDLICHKEIT GEGENÜBER DEN ARMEN

Öffne deine Bibel und lies 3. Mose 25.
Beantworte die Fragen. Male das Bild aus.

1. Wie sollen wir einen Bruder behandeln, der arm wird? (Vers 35)

....
....
....
....

2. Welche zwei Dinge sollten wir für einen armen Bruder nicht tun? (Vers 37)

....
....
....
....

3. Wer kann einen armen Bruder erlösen? (Vers 48-49)

....
....
....
....

BEHAR

"Und der Herr redete zu Mose auf dem Berg Sinai und sprach: Rede mit den Kindern Israels und sprich zu ihnen: Wenn ihr in das Land kommt, das ich euch geben werde, so soll das Land dem Herrn einen Sabbat feiern."

3. Mose 25,1-2

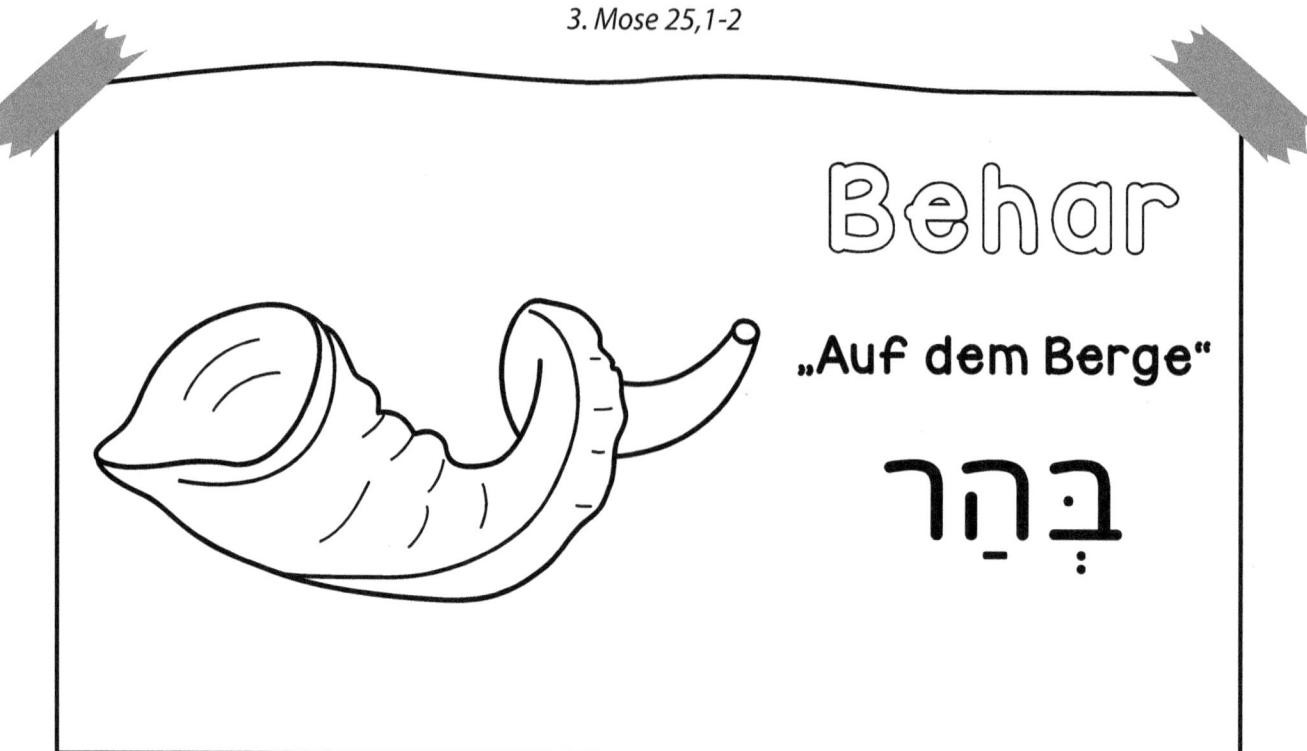

Zeichne das hebräische Wort hier nach:	Schreibe das hebräische Wort hier:
בְּהַר	

WIR BESPRECHEN: BEHAR

Öffne deine Bibel und lies die folgenden Bibelverse.
Diskutiere diese Fragen mit deiner Familie, deinen Freunden und Klassenkameraden.

1. Lies 3. Mose 25,1-17. Wie helfen uns Jahs Gesetze, nicht zu begehren?

2. Lies 3. Mose 25,1-22. Warum ist es wichtig, sich auszuruhen?

3. Lies 3. Mose 25,1-7. Was befahl Jah den Israeliten sechs Jahre lang? Was wurde ihnen im siebten Jahr befohlen?

4. Lies 3. Mose 25,8-22. Wie wurde der Reichtum im Jubeljahr neu verteilt?

5. Lies 3. Mose 25,35-38. Wie sollen wir uns um die Armen kümmern? Wie kümmerst du dich um die Armen in deiner Gemeinde oder Nachbarschaft?

6. Lies Galater 6,7-10. Jah sagt uns, wir sollen uns nicht täuschen lassen; wir ernten, was wir säen. Hast du das in deinem Leben schon einmal erlebt?

BECHUKOTAI THORA LEKTÜRE

Lies 3. Mose 26,3-27,34.
Beantworte die folgenden Fragen.

1. Wie lange wird die Weinlese dauern? ....

2. Was wird Jah aus dem Land entfernen? ....

3. Wo wird Jah seine Behausung bauen? ....

4. Wie oft wird Jah Sein Volk für seine Sünden disziplinieren? ....

5. Mit welchen Metallen verglich Jah den Himmel und die Erde? ....

6. Wohin wird Jah sein Volk verstreuen? ....

7. An den Bund mit welchen 3 Männern wird Jah sich erinnern? ....

8. Was ist der Wert eines Mannes von 20 - 60 Jahren? ....

9. Was ist der Wert einer Frau über 60 Jahre alt? ....

10. Wem gehören erstgeborene Tiere? ....

BECHUKOTAI PROPHETEN LEKTÜRE

Lies Jeremia 16,19-17,14.
Beantworte die folgenden Fragen.

1. "Meine _____ am Tag der Not!" ....

2. Was haben unsere Väter geerbt? ....

3. Womit ist die Sünde Judas geschrieben? ....

4. Wer wird seinen Feinden in einem fremden Land dienen? ....

5. Wie lange soll Jahs Zorn brennen? ....

6. "_____ ist der Mann, der auf den Menschen vertraut." ....

7. "_____ ist der Mann, der auf Jah vertraut." ....

8. Welche zwei Segnungen erhält man, wenn man Jah vertraut? ....

9. Wie ist das Herz? ....

10. Was sucht und prüft Jah? ....

BECHUKOTAI APOSTEL LEKTÜRE

Lies Matthäus 7,21-27, Kolosser 3,1-10 und Johannes 14,15-21.
Beantworte die folgenden Fragen.

1. Wer wird in das Himmelreich kommen? (Matthäus 7,21)

2. "Weicht von mir, ihr ____." (Matthäus 7,23)

3. Worauf hat der weise Mann sein Haus gebaut?

4. Wie beschrieb Jeschua einen Mann, der seine Worte hört und sie nicht befolgt?

5. Worauf sollten wir uns konzentrieren? (Kolosser 3,2)

6. Welche fünf Dinge müssen wir ablegen?

7. Was sollten wir einander nicht antun? (Kolosser 3,9)

8. Wie zeigen wir, dass wir den Vater lieben? (Johannes 14,15)

9. Wer wird in uns wohnen? (Johannes 14,17)

10. "Derjenige, der mich ____, wird von meinem Vater geliebt werden."

BECHUKOTAI

Lies 3. Mose 26,3-27,34. Finde und umkreise jedes der Wörter auf der untenstehenden Liste.

```
T O X B T D Y W A H B O G C B Y D A V L
T L R S E G E N D J H Z N E Z Y E P B G
D J V J A P R S B O Z Z J C S B Z O E E
L P A O A E G Y P T E N T G H E Q Y K H
B O Z L Y R O R S B Q A C X K X T I Y O
B P Y K S M E R L L W B G J D Y R Z V R
B U H K L H N I Z X N R Q Q U C T F E S
K X N W N U W L G D D A B W X Z G D Z A
W I F D P K U S E J V H W H K C E G A M
Q F Z M A Z R B B E Y A F B K I F E B T
F J L G B J Q M O B L M V U Z L R A E I
Q L Q S L J V T T U C V G A Q P U Z R E
S S O J X S N S E T V G U W E D E N G R
I B L E R S T G E B O R E N E R C O S E
S B R O W U H B A G R C X J E W H R I R
L S S T A E D T E E F N T Z U E T Z N N
Z H P W T J G D I S Z I P L I N E I A T
G T M B T X Z O U A H J F Y D C N W I E
W T V V N E B U H W O D R E I B S G V Z
V Y R E G E N U G G S C H W E R T Q N X
```

ERSTGEBORENER SEGEN   GEHORSAM   GEBOTE
AEGYPTEN   DISZIPLIN   REGEN   TIERE
GESETZE   ERNTE   FRUECHTE   STAEDTE
ABRAHAM   BERG SINAI SCHWERT   BUND

Bechukotai

Zeichne Moses und die Zehn Gebote.

Beschreibe die Flüche für den Ungehorsam gegenüber den Anweisungen von Jah.

Beschreibe die Segnungen für die Befolgung von Jahs Anweisungen.

Dieser Teil der Thora lehrt mich…

DIE GEBOTE...

Öffne deine Bibel und lies 3. Mose 26.
Beantworte die Fragen. Male das Bild aus.

1. Was wird Jah entfernen, wenn wir seinen Anweisungen gehorchen? (Vers 6)

....
....
....
....

2. Was wird Jah schicken, wenn wir Seinen Bund brechen? (Vers 25)

....
....
....
....

3. Aus welchem Land hat Jah die Kinder Israel gebracht? (Vers 45)

....
....
....
....

BECHUKOTAI

"Wenn ihr in Meinen Satzungen wandelt und Meine Gebote haltet und sie tut, dann werde Ich euch euren Regen zur rechten Zeit geben, das Land wird seine Ernte einbringen, und die Bäume auf dem Feld werden ihre Frucht bringen."

3. Mose 26,3-4

Zeichne das hebräische Wort hier nach:

Schreibe das hebräische Wort hier:

WIR BESPRECHEN: BECHUKOTAI

Öffne deine Bibel und lies die folgenden Bibelverse.
Diskutiere diese Fragen mit deiner Familie, deinen Freunden und Klassenkameraden.

1. Lies 3. Mose 26,3. Was mussten die Israeliten tun, um Gunst und Segen von Jah zu erhalten?

2. Lies 3. Mose 26,3-13. Wie sind wir gesegnet, wenn wir Jahs Anweisungen gehorchen?

3. Lies 3. Mose 26,14-46. Wie sind wir verflucht, wenn wir Jahs Anweisungen nicht befolgen?

4. Lies 3. Mose 26,33. Jah versprach, die zwölf Stämme Israels unter den Nationen zu zerstreuen, wenn sie seinen Bund brechen würden. Recherchiere das. Was glaubst du, wo diese Stämme heute sind?

5. Lies Matthäus 7,21-27. Warum hat Jeschua gesagt, es sei weise, sein Leben auf einem Fundament der Thora aufzubauen?

6. Lies Johannes 14,15-21. Wie zeigen wir dem Vater, dass wir ihn lieben?

ANTWORTEN

Wajikra Thora Lektüre
1. Zu einem Priester am Eingang der Stiftshütte
2. Sie sollten den Priesterdienst übernehmen
3. Auf der Nordseite
4. Turteltauben oder Tauben
5. Feines Mehl mit Öl und Weihrauch
6. Sauerteig
7. Stier
8. Männliche Ziege
9. Weibliche Ziege
10. Auf dem Altar

Wajikra Propheten Lektüre
1. Für sich selbst, damit sie seinen Ruhm verkünden
2. Mit ihren Sünden
3. Er wird sie der Vernichtung ausliefern
4. Durstige
5. Erste
6. Mit einem Meißel
7. Der Regen
8. Ein betrogenes Herz
9. Übertretungen
10. Jakob (das Volk Israel)

Wajikra Apostel Lektüre
1. Blut von Stieren und Ziegen
2. Sich selbst
3. Auf der rechten Seite des Vaters
4. Herzen
5. Blut von Jeschua
6. Jeschua
7. Er nahm das Blut von Kälbern und Ziegen mit Wasser und scharlachroter Wolle und Ysop und besprengte sowohl das Buch als auch das ganze Volk
8. Vergebung
9. Gericht
10. Geist Jahs

Sühneopfer
1. Ein Stier
2. Eine Männliche Ziege ohne Makel
3. Eine Weibliche Ziege ohne Makel

Zaw Thora Lektüre
1. Ununterbrochen
2. Söhne des Aaron (Priester)
3. Weihrauch
4. Der Priester, der es anbietet
5. Alle männlichen Nachkommen Aarons
6. Unreinem
7. Am Eingang der Stiftshütte
8. Ein Stier und zwei Schafböcke
9. Die Urim und die Thummim
10. Auf das rechte Ohrläppchen von Aaron, den Daumen der rechten Hand und die großen Zehe des rechten Fußes

Zaw Propheten Lektüre
1. Gehorcht meiner Stimme, so will ich euer Gott sein, und ihr sollt mein Volk sein; und wandelt auf dem ganzen Weg, den ich euch gebieten werde, damit es euch wohlergehe!
2. Nein - sie wandelten nach den Ratschlägen, nach dem Starrsinn ihres bösen Herzens, und sie wandten mir den Rücken zu und nicht das Angesicht. (Jeremia 7,24)
3. Aus dem Land Ägypten
4. Propheten
5. Söhne Judas
6. Topheth, im Tal Ben-Hinnom
7. Tal der Schlachtung
8. Die Menschen in den Städten Judas und auf den Straßen Jerusalems
9. Die Gebeine der Könige von Juda, seiner Beamten, der Priester, der Propheten und die Gebeine der Einwohner von Jerusalem
10. Weise

Zaw Apostel Lektüre
1. Damit wir uns gegen die Pläne Teufels stellen können
2. Gegen die Herrschaften, gegen die Gewalten, gegen die Weltbeherrscher der Finsternis dieser Weltzeit, gegen die geistlichen Mächte der Bosheit in den himmlischen Regionen
3. Wahrheit
4. Mit einem Schild des Glaubens
5. Ein Helm des Heils und Schwert des Geistes
6. Mit Ungläubigen
7. Volk
8. Tempel
9. Als Opfer für die Sünden
10. Er wird ohne Erbarmen sterben auf die Aussage von zwei oder drei Zeugen hin

Die Söhne von Aaron
1. Roben, Schärpen und Mützen
2. Widder
3. Salböl und Blut, das auf dem Altar war

Schemini Thora Lektüre
1. Ein Kalb
2. Stier und Widder
3. Nadab und Abihu
4. Fremdes Feuer, das nicht erlaubt war
5. Sie wurden vom Feuer verzehrt
6. Misael und Elzaphan
7. Unrein
8. Rein
9. Alles mit Flossen und Schuppen
10. Nein, außer Insekten, die oberhalb ihrer Füße gelenkige Beine haben (Heuschrecke, Grille)

Schemini Propheten Lektüre
1. Dreißigtausend
2. Auf einem neuen Wagen
3. Mit Liedern, Zithern, Harfen, Tamburinen, Schellen und Zimbeln
4. Weil Ussa die Bundeslade berührt hat
5. Drei Monate
6. Ein Leinen-Efod
7. Michal
8. Einen Brotkuchen, einen Dattelkuchen und einen Rosinenkuchen
9. Seine Feinden
10. Königreichs

Schemini Apostel Lektüre
1. Saphira
2. Ein Grundstück
3. Einen Teil des Geldes behalten, anstatt alles den Aposteln zu geben
4. Petrus und Jah
5. Er fiel hin und starb
6. Petrus und Jah
7. Sie fiel hin und starb
8. Damit sie nicht überheblich werden
9. Sie muss würdevoll sein, nicht verleumderisch, sondern nüchtern und in allen Dingen treu
10. Heilig

König David
1. Ein Haus zum Wohnen (Tempel)
2. Ein Schäfer
3. Davids Feinde

Tasria Thora Lektüre
1. Sieben Tage
2. Am achten Tag
3. Alles, was heilig ist oder ins Heiligtum kommt
4. Zwei Wochen
5. Ein Lamm und eine Taube oder Turteltaube
6. Der Priester
7. Der Priester
8. Zerrissene Kleidung
9. Solange er die Krankheit hat
10. Außerhalb des Lagers

Tasria Propheten Lektüre
1. Kommandant der Armee des Königs von Syrien
2. Er war ein Aussätziger
3. König von Israel
4. Zehn Talente Silber, 6000 Schekel Gold und zehn Festgewänder
5. Elisa
6. "Geh hin und wasche dich siebenmal im Jordan, so wird dir dein Fleisch wiederhergestellt, und du wirst rein werden!"
7. Abana und Parpar
8. Sieben Mal
9. Er hat sie abgelehnt
10. Jah, dem Gott Abrahams, Isaaks und Jakobs

Tasria Apostel Lektüre
1. Jerusalem
2. Ein Paar Turteltauben oder zwei junge Tauben
3. „Ich will, sei gereinigt."
4. "Hab acht, sage niemand etwas; sondern geh hin, zeige dich dem Priester und opfere für deine Reinigung, was Mose befohlen hat, ihnen zum Zeugnis!"
5. Er ging und fing an, es vielfach zu verkündigen und breitete die Sache überall aus, sodass Jesus nicht mehr öffentlich in eine Stadt hineingehen konnte
6. Die Lehrer werden mit größerer Strenge beurteilt
7. Klein
8. Ungerechtigkeit
9. Die Zunge
10. Süßes und Bitteres

Aussatz
1. Ein Priester
2. Unrein
3. Außerhalb des Lagers

Mezora Thora Lektüre
1. Er soll seine Kleider waschen und alle seine Haare abschneiden und sich im Wasser baden
2. Im Lager, aber vor seinem Zelt
3. Zwei männliche Lämmer ohne Makel, ein weibliches Lamm ohne Makel und ein Speiseopfer
4. Er schwenkte es zusammen mit einem Ölscheit
5. Am siebten Tag
6. Neue wurden an ihre Stelle gesetzt
7. Zwei Vögel, Zedernholz, Karmesin und Ysop
8. Seinen rechten Zeigefinger
9. Auf den rechten Fuß
10. Er musste seine Kleidung waschen

Mezora Propheten Lektüre
1. Vier Aussätzige
2. Das Lager der Syrer
3. Niemand
4. Jah hatte die Syrer den Klang der Streitwagen und Pferde ihres Feindes hören lassen
5. Aßen und tranken und stahlen das Gold, Silber und die Kleidung der Syrer
6. Dem Haushalt des Königs
7. Bis zum Jordan
8. Kleidung und Waffen
9. Einen Silberling
10. Er wurde zu Tode getrampelt

Mezora Apostel Lektüre
1. Heilig
2. Dienst der Gerechtigkeit zur Heiligung
3. Sünde
4. Tod
5. Ewiges Leben in Jeschua HaMashiach
6. Zwölf Jahre
7. Den Saum (seine Zizit)
8. "Sei getrost, meine Tochter! Dein Glaube hat dich gerettet!"
9. "Entfernt euch! Denn das Mädchen ist nicht gestorben, sondern es schläft."
10. Nahm das Mädchen bei der Hand und sie stand auf

Die Reiter des Königs
1. Zwei Reiter
2. Bis zum Jordan
3. Der Weg war mit Kleidung und Waffen der syrischen Armee übersät

Achare Mot Thora Lektüre
1. Die Gewänder des Hohepriesters (heiliger Leinenmantel, Leinenuntergewand, Leinenschärpe und Leinenturban)
2. Zwei Ziegenböcke für das Sündopfer und einen Widder für das Brandopfer
3. Die Ziege, auf die das Los fiel
4. Weihrauch
5. Stierblut
6. Niemand
7. Demut üben und keine Arbeit tun - es ist ein Sabbat (Tag der Buße)
8. Fleisches
9. Kinder
10. Die Gesetze der Ägypter und Kanaaniter

Achare Mot Propheten Lektüre
1. Durch Götzenanbetung
2. Die Fürsten Israels
3. Väter und Mütter
4. Unter den Israeliten lebende Gäste
5. Heiligtümer
6. Sabbate
7. Um Blut zu vergießen
8. Er wird sie unter die Heidenvölker versprengen und in die Länder zerstreuen
9. Israel
10. Erz, Zinn, Eisen und Blei

Achare Mot Apostel Lektüre
1. Judas
2. Jeschua HaMashiach
3. Juda
4. Tod
5. Jeschua
6. Weil er dies ein für alle Mal tat, als er sich selbst opferte.
7. "Achte darauf, daß du alles nach dem Vorbild machst, das dir auf dem Berg gezeigt worden ist!" (Berg Sinai)
8. Das Haus Juda und das Haus Israel
9. Goldener Weihrauchaltar und die Bundeslade mit einer goldenen Urne mit dem Manna, dem Stab Aarons und den Tafeln des Bundes
10. Einmal im Jahr, am Tag der Buße

Versöhnungsfest
1. Zehnter Tag des siebten Monats
2. Ruht euch aus und arbeitet nicht - dieser Tag ist ein Sabbat
3. Der Hohepriester

Kedoschim Thora Lektüre
1. Unsere Mutter und unseren Vater
2. Falsche Götter
3. Gefallene Trauben
4. Stehlen
5. Gerecht
6. Im fünften Jahr
7. Schnitte am Körper oder Tätowierungen für die Toten
8. Ältere Menschen
9. Jah wird sein Gesicht gegen diesen Mann richten und ihn aus seinem Volk ausmerzen
10. Geisterbefrager und Wahrsager

Kedoschim Propheten Lektüre
1. Ägypten
2. Kaphtor
3. Das Haus Jakob
4. Unter die Nationen
5. Hütte Davids
6. Sein Volk Israel
7. Die Götzen Ägyptens
8. Seine Sabbate
9. In der Wüste
10. Wandelt nicht in den Satzungen eurer Väter und befolgt ihre Sitten nicht und verunreinigt euch nicht mit ihren Götzen! Ich, der Herr, bin euer Gott; wandelt in meinen Satzungen und befolgt meine Rechtsbestimmungen und tut sie

Kedoschim Apostel Lektüre
1. Ihren Eltern
2. Ehre deinen Vater und deine Mutter, damit es dir gut geht und du lange leben kannst
3. Wahrheit
4. Zürnt
5. Sonne
6. Stehle
7. Den Heiligen Geist
8. Freundlich und barmherzig und einander vergeben
9. Unsere Feinde
10. Die Gerechten und Ungerechten

Ehre deinen Vater und deine Mutter.
1. Meinen Vater und meine Mutter
2. Es wird mir gut gehen und ich werde lange leben
3. Väter

Emor Thora Lektüre
1. Eine Prostituierte, eine geschändete Frau oder eine geschiedene Frau
2. Sieben Tage
3. Ausruhen und nicht arbeiten
4. Sieben Tage
5. Ein einjähriges männliches Lamm ohne Makel
6. Schavuot
7. Am ersten Tag des siebten Monats
8. Keine Arbeit tun, sich nicht anstrengen, die Seelen demütigen und Jah ein Speiseopfer darbringen
9. In Laubhütten, Sukkas (provisorische Unterkünfte)
10. Reines Öl aus zerstoßenen Oliven

Emor Propheten Lektüre
1. Levitische Priester (Söhne des Zadok)
2. Kleidung aus Leinen
3. Leinen-Turbane
4. Nein
5. Wein
6. Eine Jungfrau aus dem Haus Israel oder eine Witwe die zuvor mit einem Priester verheiratet war
7. Als Richter fungiert
8. Getreide-, Sünd- und Schuldopfer
9. Die Erstlingsfrüchte aller Art und alle Opfergaben aller Art aus allen euren Opfern und das erste eures Teiges
10. Kein Aas und kein Zerrissenes, seien es Vögel oder Vierfüßler

Emor Apostel Lektüre
1. Backe
2. Eine
3. Dem, der uns bittet
4. Reiche und Arme
5. Reiche Leute
6. Liebe deinen Nächsten wie dich selbst
7. Wir begehen Sünde und werden von der Thora als Übertreter verurteilt
8. Auf die Gnade, die uns durch die Offenbarung von Jeschua zuteil wurde
9. Heilig
10. Unparteiisch

Die Feste
1. Der Sabbat
2. Ein Schofar
3. In Laubhütten/ Sukkas / temporäre Behausungen

Behar Thora Lektüre
1. Auf dem Berg Sinai
2. Sabbat
3. Ein „Jubeljahr"
4. Sie werden sicher in ihrem Land wohnen
5. Zu jeder Zeit
6. Ihm Hilfe leisten, als er sei ein Fremdling oder Gast, so dass er bei dir leben kann. Ihm keinen Zins noch Wucher von ihm nehmen, sondern dich vor deinem Gott fürchten, damit dein Bruder neben dir leben kann. Ihm dein Geld nicht auf Zins geben noch deine Nahrungsmittel für einen Wucherpreis
7. Die Israeliten
8. Das Volk Israel
9. Idole, Bilder, Säulen und Steinfiguren
10. Haltet

Behar Propheten Lektüre
1. Hanamel
2. Anatot
3. Benjamin
4. Siebzehn Schekel Silber
5. Baruch, Sohn von Nerija, Sohn des Machseja
6. Im Land Ägypten
7. Sein Volk Israel
8. Weil sie seinen Anweisungen nicht gehorchten
9. Den Chaldäern
10. Unmöglich

Behar Apostel Lektüre
1. Nazareth
2. In die Synagoge
3. Schriftrolle des Propheten Jesaja
4. Er stand auf
5. Freiheit
6. Schrift
7. Sät
8. Wir werden zu gegebener Zeit ernten.
9. Allen, besonders unseren Brüder und Schwestern im Haus Israel
10. Knechte

Freundlichkeit gegenüber den Armen
1. Ihn unterstützen
2. Ihm kein Geld gegen Zinsen leihen oder ihm Lebensmittel mit Gewinn verkaufen
3. Einer seiner Brüder, ein Onkel, ein Cousin oder ein naher Verwandter aus seinem Stamm. Wenn er reich wird, kann er sich selbst erlösen

Bechukotai Thora Lektüre
1. Bis zum Zeitpunkt der Aussaat
2. Böse Tiere
3. Unter Seinem Volk (Israel)
4. Siebenfach
5. Eisen und Bronze
6. Unter den Nationen
7. Abraham, Isaak und Jakob
8. Fünfzig Schekel Silber
9. Zehn Schekel Silber
10. Jah

Bechukotai Propheten Lektüre
1. Zuflucht
2. Nichts als Lügen
3. Mit einer Feder aus Eisen
4. Stamm Juda
5. Ewig
6. Verflucht
7. Gesegnet
8. Keine Sorgen oder Ängste
9. Betrügerisch
10. Das Herz und den Verstand

Bechukotai Apostel Lektüre
1. Menschen, die den Willen des Vaters tun
2. Gesetzlosen
3. Felsen
4. Als einen törichten Mann, der sein Haus auf Sand baut.
5. Nach dem, was droben ist, nicht nach dem, was auf Erden ist
6. Zorn, Wut, Bosheit, Lästerung, häßliche Redensarten aus unserem Mund
7. Lüge
8. Durch Einhalten seiner Gebote
9. Geist der Wahrheit (Heiliger Geist)
10. Liebt

Die Gebote
1. Böse Tiere
2. Seuche
3. Ägypten

⋄ WEITERE ÜBUNGSBÜCHER ENTDECKEN! ⋄

Zu erwerben unter shop.biblepathwayadventures.com

SOFORT DOWNLOADS!

Wöchentliches Thora Übungsbuch
Rein und Unrein
Hebräisch lernen: Das Alphabet
Bereschit / 1. Mose

Schemot / 2. Mose
Wajikra / 3. Mose
Bemidbar / 4. Mose
D'varim / Deuteronomy